Gros ou minuscules,

rapides ou

l-e-n-t-s,

lisses ou bosselés,

petits ou…

On adore les **museaux,**

les **becs** pointus ou **épais**,

les **trompes** flexibles

et les babines **moustachues**...

les **oreilles** qui pendent

On aime les **rayures,**

les **fourrures mouchetées très chics,**

les **pelages** avec **beaucoup de taches,**

les **carapaces** qui protègent les peaux plissées,

Attends... Est-elle à moitié dedans ou dehors?

les **ailerons** et les **écailles**,

et les **plumes** élégantes.

On adore les plumes!

Des plumes! Des plumes!

Les **pattes**, les **griffes** et les **petites nageoires**,

les **pieds** qui ressemblent à des **pantoufles douillettes**, les **sabots** et les **minuscules orteils**.

On aime les bébés animaux qui **rampent**, ceux qui **bondissent** pour jouer,

nagent,

grimpent,
se suspendent

et sautent.

On aime les petits qui **reniflent**, **s'ébrouent**, **pépient**,

piaillent et **bêêêêlent,**

et ceux qui **glapissent** et **crient.**

Un **hoquet** dans ton **mugissement?**

Ce n'est pas grave.

On adore ça aussi!

Dans les **tanières du désert** ou au plus **profond des mers bleues,**

dans les **fermes** ou dans les **forêts**,

seuls ou **blottis** les uns contre les autres,

en **troupeau** ou en **file**...

On adore les bébés animaux!
Oh oui!
On adore les bébés animaux!

Et toi?

VOICI LES BÉBÉS ANIMAUX!

OIE CENDRÉE
(oison)

LION
(lionceau)

PARESSEUX À DEUX DOIGTS

ÉLÉPHANT D'AFRIQUE
(éléphanteau)

MUSCARDIN

GUÉPARD

ESCARGOT PETIT-GRIS

RAINETTE AUX YEUX ROUGES

CAMÉLÉON DE PARSON

PONEY SHETLAND

BALEINE À BOSSE
(baleineau)

RENARD DU BENGALE
(renardeau)

FLAMANT DES CARAÏBES

TALÈVE SULTANE
(oisillon)

ÉLÉPHANT D'ASIE
(éléphanteau)

PHOQUE DU GROENLAND
(blanchon)

LAPIN BÉLIER
(lapereau)

GERBOISE À LONGUES OREILLES

ALLIGATOR D'AMÉRIQUE

ZÈBRE

SERVAL

GIRAFE
(girafon)

TORTUE

POISSON-ANGE
(alevin)

PLUVIER KILDIR
(oisillon)

OURS NOIR
(ourson)

LAMANTIN | OURS POLAIRE (ourson) | RHINOCÉROS INDIEN | GORILLE DE MONTAGNE | CANARD (caneton) | GECKO LÉOPARD

RENARD ROUX (renardeau) | HIPPOPOTAME | RATON LAVEUR | ORANG-OUTAN | KANGOUROU GRIS | SANGLIER (marcassin)

ÂNE (ânon) | VACHER À AILES BAIES (oisillon) | GOÉLAND CENDRÉ | MOUTON (agneau) | SPERMOPHILE DE RICHARDSON | BONOBO

VACHE (veau) | SURICATE | ORQUE | ALPAGA | TIGRE DU BENGALE | CHIEN DE PRAIRIE

RHINOPITHÈQUE DE ROXELLANE | BISON D'EUROPE | MANCHOT EMPEREUR | PANDA GÉANT

Si le petit de l'animal a un nom spécial, il est écrit entre parenthèses.

Pour Bria, William, Lawson, Bennett et Leo — J. E.

Catalogage avant publication de Bibliothèque et Archives Canada

Titre: On adore les bébés animaux! / Jill Esbaum; texte français de Marlène Cavagna.
Autres titres: We love babies! Français.
Noms: Esbaum, Jill, auteur.
Collections: National Geographic kids.
Description: Mention de collection: National Geographic kids | Traduction de : We love babies!
Identifiants: Canadiana 20200288636 | ISBN 9781443187459 (couverture souple)
Vedettes-matière: RVM: Jeunes animaux—Ouvrages pour la jeunesse.
Classification: LCC QL763 .E8314 2021 | CDD j591.3/92—dc23

Copyright © Jill Esbaum, 2020, pour le texte anglais.
Copyright © National Geographic Partners, LLC, 2020, pour la compilation.
Copyright © National Geographic Partners, LLC, 2021, pour la version française.
Tous droits réservés

NATIONAL GEOGRAPHIC et la bordure jaune sont des marques de commerce de National Geographic Society, utilisées avec autorisation.

Il est interdit de reproduire, d'enregistrer ou de diffuser, en tout ou en partie, le présent ouvrage par quelque procédé que ce soit, électronique, mécanique, photographique, sonore, magnétique ou autre, sans avoir obtenu au préalable l'autorisation écrite de l'éditeur. Pour toute information concernant les droits, s'adresser à National Geographic Partners, LLC, Washington, D.C. 20036, É.-U.

Édition publiée par les Éditions Scholastic, 604, rue King Ouest, Toronto (Ontario) M5V 1E1, avec la permission de National Geographic Partners, LLC.

5 4 3 2 1   Imprimé en Malaisie   108   21 22 23 24 25

Conception graphique : Julide Dengel
Illustrations : Sydney Hanson

L'auteure tient à remercier les personnes suivantes pour avoir rendu la publication de ce livre possible : Marfé Ferguson Delano, Lori Epstein, Julide Dengel, Molly Reid, Gus Tello et Anne LeongSon.

Références photographiques :

Couverture, Klein et Hubert/Minden Pictures; quatrième de couverture (en haut), Norbert Rosing/National Geographic Image Collection; (au centre, à droite), Willi Rolfes/BIA/Minden Pictures; (en bas), Suzi Eszterhas/Minden Pictures; 1, Sam Trull; 2 (en haut), Dominique Delfino/Biosphoto; 2 (en bas), imagebroker/Alamy Stock Photo; 3 (en haut), Marion Vollborn/BIA/Minden Pictures; 3 (en bas), John Daniels/ARDEA; 4 (en haut), Kitchin & Hurst/Kimball Stock; 4 (en bas), Ingo Arndt/Nature Picture Library; 5, Frédéric Desmette/Biosphoto; 6-7, Tony Wu/Nature Picture Library; 8, Sandesh Kadur/Nature Picture Library; 9 (en haut), Claudio Contreras/Nature Picture Library; 9 (en bas), Gianpiero Ferrari/FLPA/Minden Pictures; 10, gnomeandi/iStockphoto/ Getty Images; 11, Ingo Arndt/Nature Picture Library; 12, Aflo/Nature Picture Library; 13 (en haut), Valeriy Maleev/Nature Picture Library; 13 (en bas), Science Source/Getty Images; 14, Tony Heald/Nature Picture Library; 15, Suzi Eszterhas/Minden Pictures; 16, Olivier Born/Biosphoto; 17, Matthijs Kuijpers/Biosphoto; 18, Gerry Yardy/Alamy Stock Photo; 19, shootnikonrawstock/Nature Picture Library; 20 (en haut), Suzi Eszterhas/Minden Pictures; 20 (en bas), Eric Baccega/Nature Picture Library; 21 (en haut), Eric Baccega/Nature Picture Library; 21 (en bas, à gauche), ZSSD/Minden Pictures; 21 (en bas, à droite), Suzi Eszterhas/Minden Pictures; 22-23, iStockphoto/Getty Images; 24 (en haut), Bruno Cavignaux/Biosphoto; 24 (en bas), Fabrice Cahez/Nature Picture Library; 25, ZSSD/Minden Pictures; 26 (à gauche), Heiko Kiera/Shutterstock; 26 (à droite), Suzi Eszterhas/Minden Pictures; 27, Jurgen et Christine Sohns/FLPA/Minden Pictures; 28 (en haut), Bruno Mathieu/Biosphoto; 28 (en bas, à gauche), Klein & Hubert/Nature Picture Library; 28 (en bas, à droite), Gabriel Rojo/Nature Picture Library; 29 (en haut), Tom Vezo/Minden Pictures; 29 (en bas), Stonemeadow Photography/Alamy Stock Photo; 30 (en haut), ClassicStock/Alamy Stock Photo; 30 (en bas), Fiona Rogers/Nature Picture Library; 31, Nathan Allred/Alamy Stock Photo; 32 (en haut), Thomas Dressler/Ardea; 32 (en bas), Tony Wu/Nature Picture Library; 33 (en haut), Adrian Sherratt/Alamy Stock Photo; 33 (en bas), Michael Nichols/National Geographic Image Collection; 34 (en haut), Juergen & Christine Sohns/Minden Pictures; 34 (en bas), Thomas Marent/Ardea; 35 (en haut), McPhoto/Pum/Alamy Stock Photo; 35 (en bas), Klein & Hubert/Nature Picture Library; 36-37, Lisa & Mike Husar/Team Husar

Tu penses que c'est terminé? Un instant, mon ami.

Il y a une dernière chose qu'on adore...

La fin.